Eva Löchli

unter tag licht

Gedichte

Arovell Verlag Wien Gosau 2018

Eva Löchli
unter tag licht
Gedichte
ISBN 978-3-903189-22-5
Arovell Verlag Wien Gosau 2018
office@arovell.at
www.arovell.at

Alle Rechte vorbehalten!

Alle Rechte sind zwischen Autorin und Verlag geregelt.

Coverbild: Paul Jaeg

Portraitbild: Walter Bauer

Die Bücher des Arovell Verlags werden aus Mitteln des Bundeskanzleramtes Österreich, der Landeskulturämter und Gemeinden gefördert.

für meine Schwester,
meine Freundinnen und Freunde

aus der höhle

unverschämt

da gibt es strahlen
die heimlich einfallen
durch ein winziges loch
in die höhle

stören den finsteren traum

dein licht fällt
in den schwarzen see
wird punktförmig gestreut
geschluckt

mein licht zerspringt
wie glas
die splitter fliegen weit
hinauf

du suchst es wieder
in den sternen
pflückst sie
fügst sie zusammen
zu einem ball
aus licht

ich tauche
durch den schwarzen see
die augen brennen
der schmerz der nacht
zieht mich
hinab

ich sehe
deine punkte
im dunkelwasser blitzen
schwimmen
wenn sie mich treffen
prickeln sie
auf meiner haut

ich tauche auf
mit einer handvoll licht

verbindung

gewirr
an der oberfläche
klärt sich beim
einfädeln in die erde
über den wurzeln
die darunter
in die tiefe wachsen
sich dort verzweigen
zart und stark

die fäden
docken an
zaghaft zuerst
werden zu dünnen adern
und mit den wurzeln
nähren sie
den fluss
gegen die angst
der aus der erde
rundumher
die kraft bekommt

bis

wir spielen
im silbrigen wind
unsere listigen
widersprüchlichen spiele

vielleicht bis
ans licht kommt
im spiegel
dieses ich
das signale schickt
für krieg
für frieden

dann ist auch
die liebe
wieder im spiel

leere 3

suche du
nach der wasserader
der sehnsucht und
dem schmerz
hinter den augen

suche nach
den worten
die das
alles
sagen können
an denen
du dich
hanteln kannst
entlang
hindurch
ein echo zu finden
da drüben

frühling
für Birgit

wiederkehr der siebenschläfer
eine brise vom winterwind
erstes spiel der bienen
tieflila flieder
licht wieder
mehr licht

diese kinder der wiese
in ihr spiel vertieft
lindensilber
ein liebesgedicht

was bleibt

das flugzeug
zieht über dir
es ist schnell
so schnell
schon entflogen
doch oben bleibt
so langsam wie du
sein schatten
zieht mit dir
allmählich

wenn es zurückkommt
das flugzeug
nach seiner schleife
rund um die welt
bist du
mit seinem schatten
da oben
weiter gekommen
hier unten
um die länge
einer maschine

schreibe

lege dein schwarzes kleid
auf die besonnte wiese
und suche in der höhle
nur nach den zeichen
der geheimen schrift
nimm diese
wohl übersetzt
in deine bücher auf
und lasse sie
als wäre nie etwas geschehn
an sommertagen
aus deinen blättern
fliegen

warten 3

vom ragenden stamm
dieser schwankenden nadel
lass dich fallen
auf land
ins gras
vor der nacht

lagere
im halbschatten da
im wachschlaf

lass
flattern die angst
rasen die tage
fallen die karten
all das

aber
schlage dich nicht
zu den lahmen
den nachahmern
verfallen dem alten wahn
bleib wachsam

wie nie

schau es ist raum
da draußen

hier drinnen
im grauen zimmer
wirst du deine schritte
auszählen
mit den fingern
den pinsel tauchen
in rauchblau und
indigo
da wirst du lichter malen
ins grau
linien die
dich schaukeln
hinaus

warten 6

du möchtest
diese leichte festigkeit
noch vor dem abschied
den tritt
so sicher
auf diesem boden
der waldartig
schattig schwingt

die sommerfarben
dieser zinnien
den schimmer gold
auf deiner haut
die großen töpfe
voller blüten
vor dem alten haus
die graue kirche
ohne angst und schuld

was sich
ausbreiten kann
in dir
und außer dir
all diese klänge
auch

gehen

aus der gasse
durch den bogen
die stiege hinauf
über feuchten stein
unter leuchtendes laub

klänge tönen
herauf aus der stadt
blätter gleiten darüber
tropfen fallen hindurch

hinaufschaun
durch lücken im laubdach
ins gebrochene licht

sich sprachlos erinnern
an spuren im boden
der weich ist
und trägt

gehen

anstatt

am abhang
über dem tal
erwartung statt angst
unten der glanz
vom bach

hinwandern

die warmen strahlen
auf den nackten armen
waten im kalten wasser
ablassen von last
von zwang

eintauchen

darauf mit
nassem haar
zum wald wandern
im schatten jetzt
abtasten
diesen stamm
farn um farn

atmen

am waldrand lagern
auf dem warmen gras
die namen sagen
die alten
fast im schlaf

loslassen das

was eng dich
halten will
damit sich manches
spannen kann
in dir
von ast zu ast
und da
hinauf

ernte

das mädchen geht
in diesen märchenwald
im kurzen rock
die beine nackt
in dieses dunkel
das durchbrochen ist
von etwas licht
sie geht einfach hinein
so frech so frei

dort schaut sie
unter jedes blatt
das da
am boden kriecht
streift ganz behutsam
neugierig
mit ihrer hand
durch jeden kleinen busch
gibt acht
wohin sie tritt
im moos

kehrt heim mit
einer handvoll
roter beeren
die trocknen werden
in ihrer bittren süße
und zergehen
auf der zunge
in den dunklen
wintertagen

herbsttag 2

der tag tritt auf nach
einer schwarzen nacht
und tut als
gäbe es keine schwärze
er führt die
wege zueinander
legt gold in
haar und blätter
die kleine brise auf
den see und unter
deine füße
dürres laub das
flecken noch des
sommers hat

auf deinem weg
zeigt er dir
einen strauch der
herzen trägt die
nichts von süße haben
und stacheln ohne schärfe
du siehst wie
drüben an
dem andern ufer
ein baumgesicht
das leuchtet
ja beinahe brennt
in einen trüben spiegel
fällt

schreiben 2

die höhlen ausleuchten
nicht im dunkeln bleiben
die schrift an der wand
entziffern
sie unterlegen mit klang
ein netz spinnen
aus lauten
worten
seine zartheit ausloten
die festigkeit auch
es dehnen und spannen
allmählich
erfahren
was ist

karussell

sie hatte schönes
langes haar
wenn es nur nicht so
ordentlich gewesen wäre
so verzopft
sondern
zumindest zur jahrmarktszeit
offen weich fallend

sie hatte auch
flinke beine
wären sie nicht so
gehalten
gebremst gewesen in
weißen strümpfen
in angstnot
verkrampft

nun sieht sie
ein kind vor sich
auf dem ringelspiel
so wirbelig wild
mädchen im flug

da malt sie
flüchtig
nach so vielen jahren
das bild von sich
in die luft
so lebendig die
haare im
rotierenden wirbel die

bloßen füße auf
dem hölzernen rahmen

das kind hält sich fest
es lehnt sich hinaus
kreischt und
lässt fliegen
die haare
windteppich
ewigkeit

einmal noch so
nachgetragen in
diesem bild so
neu gemalt
anders
statt beklemmung
heraufgeholt diese
angstlust
verführungsflimmern
begierde

mitlaufen
aufspringen
fliegen

enfant terrible

wenn der schmerz
wieder und wieder
an die mauer schlägt
durch seinen kopf
hindurch mit kraft
stelle dich
hinter das kind und
halte es behutsam
als wärest du eine fee
und so fest
wie der strahlendste held
und

hole es aus dem stich
in dem es gelassen wurde

road movie

sie stellt sich an
den straßenrand und
wartet da
gleich wird er kommen
über die kuppe dort
auf seinem motorrad
wo sie auf diesem sozius
gesessen ist so
eng an ihn geschmiegt
im wind

er hat nicht
landschaften durchquert
die mehr als ihre
bunt gewesen wären
blühend
er hat
geschlossene tore nicht
geöffnet sondern
eingetreten mit dem fuß
sein rückspiegel ist blind
das leder das er trägt
brüchig geworden

er fährt vorbei
sie hat ihm nichts mehr
nachzutragen
sie dreht sich um
geht durch den weinberg wo
sie trauben pflückt
die jetzt schon
farbe haben

doch anders

alles so lieb
so gemütlich
diese süße
hat dich bedroht

dann hast du
sein gesicht gesehen
auf diesem foto
von sorge zerfurcht
die augen so tief
von trauer verschattet

dafür bist du dankbar
für dieses nichtlieb
nichtsüß
für diese tiefe
und sorge
für dieses leben

friedhof

im schnee
die lichter

versunken sind
menschen
im weißen
rot gesprenkelten
garten
wie in einem schaum
aus namen
und bildern
von gestern
und dort

so stell dir vor
zum beispiel
das weiß
eines arztmantels
oder auch
eines hochzeitskleids
verharscht
ergraut
wie der schnee
in diesem winter

und doch
weiß gewesen
damals und
immer noch
weiß

nahe den magmakammern

gehoben
von höllengebrodel
und rollender glut
grellfeurig einst

hotspot

so vieles
sammelt sich da
die rasende glut
der siedende brei
gestank nach schwefel
nach höllenfeuer

wer hilft uns da
so wie wir sind
ausgeliefert
verletzlich
einem feuer entflohn
ins nächste geworfen

darkness

in einer schale liegen
die hölzern ist
warmbraun
und einer klopft
von draußen
wie dein herz
rund liegen in der schale
im ohr den kokosklang
das pochen

doch drüben
in der schmerzfabrik
beginnt die schicht
da stampfen
die maschinen
zerdröhnen deine ohren
schütteln dir
laute aus dem leib
die dich zersägen
deinen traum
haben den weichen klang
getötet
beinahe

denn noch ist wasser
auch gelbes licht
und
dort am baum
der glänzt von regenperlen
dort steht er

du siehst
die braune schale
hinter ihm und
auch die narbe
auf seiner stirn
dein atem fliegt
ihm zu

widerstand

täusche dich nicht
du brauchst keine flinte
manchmal genügt es
den schmerz in
schrot zu verwandeln
ihn auszuwerfen
mit lockerer hand
damit die kügelchen
tanzen und prasseln
auf der haut des
schroffen gesellen

er kann sie nicht fangen
und er hat keinen schild
gegen sie
er wird sich ducken
und winden du
wirst es erleben
sie taugen nicht
seine waffen
gegen den wendigen wurf

manchmal nimm eines
ein kügelchen nur
und knalle es ihm
mit zwei fingern
gegen die stirn
wo die bosheit sitzt
zwischen den augen
die er nicht
auf dich richtet
weil er sich fürchtet

schieße zielsicher
halte den schrot
nicht zurück
damit er dein herz
nicht durchlöchert

schau ihn an
wie er zuckt
dann höre ihm zu
aufmerksam
es ist dumm
sein gerede und
vor allem

spare dein mitleid

fassadia

in dieser wüste
ein leben suchen
in dem
die lichter nicht
ständig gelöscht
die gedanken zersprüht
mit gewalt
der gesang zerhackt
werden kann
ohne scham
das gras zerbogen
in die erde gestampft
wo gift ist
und fäulnis

von abwässern
ihrer gleißenden bäche
die sie ständig füllen
mit niedertracht
und geheucheltem anteil
mit lügen
wird die kloake
unterirdisch
genährt

und über der erde
das schweigen
das schöntun
ganz ohne halt
und wärme
das istnicht und
scheintnur

das hohle klappern
und tönen

ein leben suchen
in dieser wüste

aufbruch

die lügenmütze
dir aufgestülpt
überkommene bürde

so sitzt du

festgefügt in deinem stuhl
den kinderrock über den knien
mit dem rücken zur welt

das leuchtende bild
zersplittert vom schein
kalt gepresst wie das öl
aus südlichen früchten

steh auf

leg ab die mütze
stell das gefäß
tönern und bauchig
auf deinen kopf
hüll dich ein
in ein weiches gewand

und geh hinaus

zur quelle
den kopf
die arme erhoben
in dir deine farben

und singe leise
im gehen dein lied

meine wörter

sie fliegen wie hurtige augen
in einem affengesicht
wimpernlos
zucken wie falten darin
tief
zeigen die zähne
lassen härchen erzittern
schneiden grimassen
im schatten riesiger ohren

sie werfen ein sehnen
hinaus in den raum
das vielleicht nicht gefragt ist
verkriechen sich
noch vor der antwort

gemein

sie wollen
begeistert sein
sind gleich dabei
stets bereit
feiern scheinbar die
die reich sind
an geist
feinfühlig und frei
erweisen ihnen
ihre gunst
feierlich
bleiben an ihrer seite
schmeicheln sich ein
nehmen
den eigenen teil

doch

keimen
eifer und neid
im geheimen
werden zum geifer
man will
sich beweisen
einen keil
ins gemeinsame
treiben
und die fort
die weich sind
geistreich und frei

man beleidigt sie
während andere
schweigen
erscheint dabei
leidend und klein
man geht
über leichen
freilich die eigene
auch

zu Thomas Bernhard

dünung

sie stechen in see
sie stampfen durch zarte
leuchtende bahnen
durch seide
sie sind stolz auf
den schnitt
den sie machen
bei jedem schwung
sie glauben an
knatternde tücher

sie hören noch nicht
im heulen des sturms
hinter dichten schleiern
aus dunst
das leise klirren
musik aus glas
von frauen gemacht
die barfuß gehen

ein fremder orkan
wirft bretter aus wasser
schwarzblau
unter die brücke
dorthin
wo licht liegt
von tieren darunter
leuchtkäfern des meeres

die brücke hast du
aus karten gebaut
sie hält dem tosen

nicht stand
geh weiter
hinunter
vor dir das zarte gesicht
im nebel

und stürze nur
falle
du weißt dass
die abgründe tragen
wenn du sie nennst

aus dem trüben

1

dumpf sind die räume
in denen sie geht
ein paar schritte immer
bis zur nächsten wand

er hat sie eng gemacht
mit seiner angst
aus den alten tagen
seinem ducken
unter ein gesetz
das aus der not kam
angst hatte er
vor dem lachen
und vor dem gesang
noch mehr vor den tränen
den ungeweinten

durchs fenster fällt
ein grüner schatten
zu ihr herein
darin ein gesicht
es wartet auf antwort
sie übersetzt mit mühe
die bilder
aus den inneren räumen
und klopft die zeichen
ans glas

2

durch das schlammige wasser
des moorsees
ist der blick nicht frei
für dich
auf die schwimmende frau
darunter
auch sie kennt nicht
ihr wirkliches bild
ihre welt ist durchzogen
von schlamm

eines tages jedoch
stößt sie mit dem kopf
durch die grünbraune schicht
steigt an land
wie ein altes tier

sie streift
ihre schwimmhäute ab
im gras
umrundet den see
ganz langsam
bis der schlamm
an der sonne
getrocknet ist und
abfällt
von ihrer haut

in einem mantel
aus blättern
findet sie schutz
der gehalten wird

von einer frau
die hier
immer schon lebt
auf dieser lichtung

3

könnte sie
die leere
die aufsteigt
aus tausenden jahren
füllen mit dem bild
der apfelblüten
vor dem fenster
in dem raum
in dem sie nur
zufällig schläft
müsste sie es
hereinholen
morgen früh
und ihm platz geben
in ihrem körper

so wie der zuversicht
dass jetzt schon
und immer
während der nacht
die zärtlichkeit
zu den sternen
aufsteigt und
dann als tau niederfällt
und sie selber meint
seit tausenden jahren

zwischen den waggons

und jeden tag von neuem
stehst du dort
das schieben unter deinen füßen
wo eisen auf eisen reibt
darunter räderrattern
wie geheimnisvolle silben
als gäbe es noch antwort
auch für dich

gedanken wiegen schwer
krallen sich fest
werden nur kurz gebannt
von einem mund voll wind
der dich nicht atmen lässt
bis alles wieder da ist

fetzen von rauch
fliegen um deinen kopf
und von gelächter
funken aus einer heiterkeit
da vorne die
du nicht kennst
die wut steigt hoch
füllt dir den mund wie blut
nimmt dir den atem weg

du hältst dich fest
knöchel durchbrechen
fast die haut
die auch den kopf umspannt
so eng

so musst du
gar nicht schauen
und könntest auch
die hand nicht heben
wenn einer neben
den geleisen stünde
im haar den wilden wind
von diesem zug

am band

in das dunkle fenster
zu schauen
in dieser untergrundbahn
ist nicht verboten
also schaust du es an
sein dunkles abbild
im fensterspiegel

er sitzt gegenüber
so jung
du lenkst nun den blick
vorsichtig tastend
auf ihn
in der rauschenden helligkeit
dieses waggons

du siehst
große augen
in einem kapuzengesicht
in den ohren stöpsel
lautlose musik
sein rechtes knie zittert
sein mund formt gesang
ohne ton

er trägt eine welt
die an dir vorbeizieht
später
die dich überholt
draußen am bahnsteig
im langsamen anfahren
ohne dich

gleitend wie
auf einem band

es verschwimmt
das gesicht
hinter glas
drinnen
das wippen
der lautlose klang
diese augentiefe

du nimmst das
mit

unter grund

auf schienen im schacht unter tag
ein blitzen von licht nach dem tunnel
aus gleißenden röhren
für kurze minuten licht innen und außen
das kreischen der bremsen
das schlagen von türen und
rufe und scheue streifende blicke

und von der papierenen wand
von diesem plakat
schaut eine herab
eine frau
mit geöffnetem mund
die zunge nach hinten gerollt

da siehst du oben
in einem moment
auf kleisterpapier
ein blitzen im auge der frau
reflex einer sehnsucht

und dann wieder nacht

ablösen das

das flackern seh ich wieder
des feuers in deinen augen
du bist krank
musst wieder beweisen
was
drängen
wohin

aus diesen höhlen
steigt es auf
dies feuer
der einsamkeit
es möchte brennen
verbrennen
was dir da
entgegenflattert
mit dem warmen wind
damit das urteil
so bestätigt wird

die chancen
sind verspielt
du hast kein recht
verbring das leben
in den höhlen
deiner einsamkeit
der schuld

dabei hast du sie
längst schon
ausgefiebert
diese krankheit

nun löse endlich
diese alten schnüre
färbe sie täglich bunt
lass sie
zusammenwachsen
immer wieder
zu neuen mustern

fluss

hast dich
in die welt gelegt
wie selbstverständlich
eingebettet
zwischen runde ufer

als gäbe es
keinen schrei
kein stöhnen
aus lust
aus angst

nur fließen

geschenk

das farbige bild
in dir
zersplittert
weil du lange schon
still sitzt
am fenster
und trotzdem
zu wenig licht hast

auf dem kopf
eine mütze
die dir nicht gehört
im schoß die hände
gelähmt
mit spitzen
bebenden fingern

nimm diese wärme
die gerade noch
ausreicht
das licht zu bündeln
die finger zu lösen
das bild zu fügen

luftwurzeln

auf einem gehsteig zu hören
eine ganze welt
grelle verschwiegene unglückswelt
in einigen sätzen

ein kind das keines mehr ist
das umherirrt
in seiner ruine der ersten zeit
seiner kindheitsruine
und etwas sucht
was es draußen erhielte
in fülle

geborgen aus trümmern
umsorgt behütet
doch nun ohne halt
wieder
nur blindes schlagen
gegen angst und trost
betäubung

und ihr so ratlos
weil eure liebe nicht reicht
hin zu den wurzeln
die flattern nach allen seiten
weil diese einfache liebe
die zerstörung
nicht aufhalten kann

du sündenbock

in die welt gekommen
bist du
als irrtum der
kaschiert werden muss
als störung unheil
und hast gestört
von anfang an
unmöglich gemacht
was heil aussehen sollte
noch irgendwie

hieltst ihnen den spiegel vor
mit deinem geschrei
und terror
konntest nicht verstehn
was sie wollten
von dir

sie haben dich nicht
in die wüste geschickt
sondern festgehalten
am seil der schuld
du warst du bist
der grund
für ihr unglück
so ist die vorgabe
du musst ihr folgen

so bäumst du dich auf
trommelst dagegen an
und schreist
ballst die fäuste

mit tränen
hinter den augen
betäubst deine wut
schüttest sie zu
bis du
aufstehst wieder
in irrtum
störung und unheil
und schreist

zu Thomas Bernhard

don't touch

in der hecke
festgehakt
dieser bub
inmitten von angst
von panik
hat er sich losgerissen
ist weggerannt
hat sich geduckt und
durchgebohrt

denn jemand
hat ihn berührt
unstatthaft
unerlaubt
die grenze durchbrochen
diese unsichtbare
die haut
die dünne
die nur ihm gehört
und erst das
was dahinter ist
eine welt
gestört und
erschüttert

greift ihn nicht an
sagt die mutter
das hält er nicht aus
sie respektiert seine grenze
wenigstens sie
da hat er noch glück

aber sonst
wenn sie erst wissen
dass er berührung
nicht aushält und
das wissen sie gleich
treiben sie ihn
absichtlich
und mit genuss
in die enge
in seine
einsame qual
wieder hinein
in die hecke

psychodelic colours

er steht
auf einem podest
und lässt sich
mit farben beschießen
dünne nadeln grün
gelb und rot
zielen in seine augen
orange
prasseln auf netz-
auf seelenhaut
es gibt für
die langkurze
zerhackte zeit
nur diesen reiz
schmerz an der grenze
lustvolles brennen
den farbenkick

er muss
das festhalten jetzt
für später und immer
sich selber im
farbpfeilerausch
er muss sofort
ein porträt von sich
schießen
ein selfie

auslösen
den farbenklick und
schon ist es da
im kasten

sein gesicht
durchbohrt eingefroren
und jetzt
sofort weiter
einsaugen
das blitzgewitter
die farbennadeln
den rausch

bis dort jemand steht
der herschaut zu ihm
aus der hintersten
dunklen ecke
ihn hält mit
diesem traurigen
fragenden blick
bist du es was willst du
auf dem auch die nadeln zittern
in grellen schießenden farben
ein wenig nur
schattengedämpft

und auf einmal
ziehn sich die nadeln
von ihm zurück
und zu farbenbündeln
zusammen
die sind auf einmal
da vorne
sie fallen dort
an die wand
und sobald er sich rührt
zu tanzen beginnt
auf seinem podest

legen sie sich
wie steinchen in muster
lösen sich wieder und
fallen zusammen
in neuen leuchtenden
formationen

er schaut und
spürt neben sich
einen körper
und er ist es selber
der sanfte druck
die wärme
das leuchten und
gemeinsam sehen sie jetzt
aneinander gelehnt
er und er
da vorne
ihr kaleidoskop

im felsendom

es wird ein leises echo sein
ein singen und ein rieseln
von dem fels

whistling woman
für Katalin

zwei finger zwischen den zähnen
ganz leise pfeifen
den komplizen wecken
zusammen mit ihm
den trampelpfad schlagen
durch dichtes gestrüpp
nacht für nacht
ein stück weiter
hinaus
und mit dem wind pfeifen

bis das meer
deine zehen berührt
die möwen über dir kreisen
und du
im schemen am horizont
dein schiff erkennst

ton um ton

kommt ein ton
vom kopf
klopft an
den korpus
hohlton
von dort
kommt resonanz
in moll doch
ohne not

schon ist er
los
der ton
voller wird er
rollt fort
so golden
vollton
in den sommer
bleibt dort
nicht solo
rollt fort
im kanon

blau
für Lotte

so dunkel tief
wie in dem bergsee oben
am felsenufer dort
so durchsichtig und leuchtend
türkis getönt
von dieser leichten helligkeit
über schattierungen
hinunter
bis dunkelgrün sogar
ganz oben himmelsfarbe
von wipfeln weich durchbrochen
durchzackt von nadeln
grell leuchtend in der sonne
dieser himmel

blau

und dann gibt es die tönungen
mit zaubernamen
für schmuck und heilung
wie lapislazuli oder saphir
die farbe für die stunde
zwischen nacht und tag
die trauer wirkt
und aufbegehren
die farbe für die sehnsucht
nach erlösung
für diesen seelenraum

wie dies

niemals bei riesen liegen
das niedrige nicht billigen
sich nicht verbiegen

die eigenen lieder
singen
die stimme
verlieren und
neu gewinnen

springen mit
dem wind

in stillen zimmern
ein licht anzünden
für den liebsten
und
diesen schimmer finden
wieder und wieder
hinter dem spiegel

und weiter
für Petra

als du kamst
ist jahrmarkt gewesen
wie immer
wenn jemand kommt
und bleibt

doch es ist gefährlich
im trubel
richten die vielen sich ein
sie tönen im dumpfen klang
und reißen die grellen farben
an sich
sie klappern und schlagen
in einem leeren ziellosen wind
der kein echo kennt
und schlürfen in vollen zügen
den schaum

du nicht

vielleicht gehst du
zwischen den buden
umher wie ein staunender gast
nimmst da und dort
etwas mit
nicht zu viel
ein lächeln und
einen traum
ab und zu
ein gesicht
teilst immer mit andern

statt zuckerwatte
ein wort
eine träne ein lied
ein lachen ohne getöse

als du kamst
lag wahrscheinlich
schnee nur auf den bergen
kam erst später ins tal
zu dir wie zu allen
und du gingst hindurch
in den nächsten sommer und
über leuchtende felder
nie allein und doch
wie die vielen
die kommen und bleiben
aber sesshaft nicht werden

geh weiter

finden

das bild
vom baum
das schaukelt
auf der wasserhaut
gehört den bewohnern
der ufer
die besitzlos sind
zusammen mit
der stimme der ente
tragen sie es
in ihren traum
vom ich
das sich selbst hat
in all den bildern

am wasser
für B.

wenn du sagst ich komme
und ich denke na dann
und sage wenn du willst
und muss ja nicht sein
wir werden sehen

dann wirst du kommen
ich weiß es

doch vorher will ich
das haus vorbereiten
mit feuer und licht
dem brot
aus südlichem mehl
dem wasser
der oberen quelle
und mit liedern
die nicht mehr quälen

dann geh ich hinunter
zum meer
um dich zu finden
dort werden wir
die worte der angst
in den nordwind werfen
uns balgen
in den wellen
und atemlos lachen
wie kinder
bis wir müde sind und
unter klirrenden sternen

den weg zurück gehen
der unsere namen trägt
von beiden seiten gelesen

wirklich

der brief des dichters
in dieser vitrine
spricht von
einer tiefen beziehung
die nicht zerbricht
weil sie die niederungen
überfliegt

zeitlos

den fliegenden lachsen zu folgen
mit dem blick
um die kurven zu spüren
des flusses
wird mein ziel sein
im sommer

an der wand zu stehn
auch
die eine hand
auf dem rauen verputz
die andere
hinter dem rücken

um zu erfahren
was zeit ist

nacht wird im park

so hell noch
weich zunächst
das licht
musik aus wasser
ruhige schritte
takt im kies

die steinfiguren
singen stumm
die alten
schattenhaften lieder
den vogelzug
hinaus
am morgen
kennen sie nicht

zu Georg Trakl

nacht wird im haus

die wärme
wird hereingeweht
in diesen raum
als farbe
mit dem herbst
und angezündet wird
ein feuer
die flammen flackern
als geisterschatten
an der wand

und wenn
der fremde kommt
ins haus
über die schwelle
dann klingt darin
bald schon
die nacht

zu Georg Trakl

nach der angst

das alte wasser
das da
über den scharfen grat
fließt
über kaskaden
fällt
wird nach und nach
wenn es gefasst ist
zu smaragden
die leuchten in der nacht
nach denen es
so lange schon
den wanderer
verlangt

schreiben 3

wenn silber glitzert
auf brauen
tand in
einem spiegelgesicht
und du das
wegstreichst
behutsam und
stehen lässt
ohne ein wort

nur nachsummst
ganz leise
musik die
klingt
hinter den augen
dem mund

dieser garten
für Trixi

ein lichter ausschnitt
ein fleck aus
sonne und gras
weit weg und
ganz nah

da wachsen
blumen heran
und menschen
im geheimen und
doch so offen
so hell

nicht eingezäunt
aber umgeben
nicht bewacht
aber umsorgt

sie lassen euch ganz
nur ab und zu
schicken sie himbeersaft
brot mit butter und senf
herein
das köstlichste mahl
in der sonne

ideen gedanken blühen
und spiele
ein ausprobieren und
weitererfinden
ein klettern und fliegen

innige freundschaft
wie nur zwischen kindern
so angstfrei vertraut

und es gibt
keine zeit
übernachtung ist nur
ein weiterpurzeln
in den nächsten tag
in warmes vertrauen
von kind zu kind
und lachen

ein häuschen
steht in der ecke
des gartens
so passend
für sommerkinder
darin eine nacht
zu verbringen
in kichernder
trauter gemeinschaft

und einmal
kommt eine zauberfrau
mit einem magischen namen
herein
sie zaubert staunen
auf kindergesichter
erinnerung für ein leben

auch das
was feindlich
bedrohlich sein kann

findet den weg
in den garten
eine bande
von buben
in der rauen begegnung
die angstlust
der zusammenhalt
kleiner mädchen
fast verboten und
streng geheim
blutsschwesternschaft
band für immer

die erinnerung
ist wirklich
denn es taucht
wieder auf
das bild
von diesem garten
noch spät
mit einem geruch
nach abenteuer
und zukunft

schön die stadt

so schwül die plätze
blaugolden
bilder von macht und tod
wasserkaskaden
gebremst
ein greifen
ein zitterndes warten
ein metronom von schritten
so hart
ein dröhnen da oben
im akkord
ein singen und lachen
so hell
von frauen
blumig und duftend
an fenstern
müde

zu Georg Trakl

melancholie
für Christa

wer blicke wirft
hinter den bretterzaun
sich einlässt
auf das sehnen
auf den schmerz
der ist vielleicht
nicht so gefragt
auf diesem lauten
grellen markt

wer abfedert
mit worten
verwandelt
was spitz ist und
bedrückend
wer in die tiefe geht
befriedet
was verletzt ist
ohne hoffnung
mit poesie

wer in die trauer geht
statt in die lüge
der hat kein
lautes publikum
ist selber ja
so leise
unaufdringlich
aber
er kommt der wahrheit
näher

dem leid und auch
dem trost

november

wenn dieses trübe licht
das fahle land
die trauer und den schmerz
abbilden
ohnmacht im nebel

wenn sie dazu dir
eine ahnung bringen
vom horchen in
den nebelklang hinein
sehen durch
ihn hindurch
vom wissen das
auch trägt

und wenn die
schwarzen vögel
über dir dort oben
von unheil künden
und bei der landung
auf der frostigen erde
dir rätselhafte
grüße bringen
wenn du auf einmal
weißt
sie könnten
seelenführer sein
in dieser landschaft
trost
und wenn du spürst
dass du bereits
die scheu verloren hast

dann richte dir
den platz
in diesem dämmerlicht
mit poesie
sie trägt und wandelt
alles das

wintergesicht

atemspur durch eisluft
spuren im schnee
pelziges flockiges
weich
aus der umhüllung
zärtlich
tastet ein lächeln sich
an das gesicht
hinter der scheibe
zaghaft

vexierbild

aus dem
gebrochenen schlaf
gehst du
durch leere worte
in den tag hinein
die vögel sind
schon aufgebrochen
nur weißt du nicht
wozu

die engen kammern
zu durchfliegen
die wände entlang
im kreis
immer wieder
aufgescheucht ängstlich

oder

auszubrüten
in den nächten
nach dem hellen flug
die worte
die du zusammenfügst
zu einem bild
das sich verändert
jeden tag
stündlich

gläsernes licht
schwimmende farben
ein leuchten
hinaus in den raum

und draußen schnee
für Danie

die angst
dem leben zu entrinnen
den film von hinten aufzurollen
den anfang nicht zu finden
noch das ende
nur dunkle schleifen
ist aufgehoben bei dir
du weißt
dass klare worte braucht
wer ängstlich sucht
auch einen blick
der unbestechlich ist
und hin und wieder
einen warmen abend
im winter

durch den tunnel

die schatten färben
die teile fügen
zu einem bild

absage

angst hat macht
sie lässt gras über
wahres wachsen
scham walten
festhalten am gram
der alten last

lass sie fallen vom
schmalen grat in
den klaren bach
halte dagegen
die kraft des lachens
das fallen
in starke arme
die halten
nach alldem

fort pflanzen

ein kind
wenn ich gehabt hätte
sagst du
verbindung zum leben
zum urgrund

im seelengefängnis
war es nicht möglich
es wäre
absprengung gewesen
entfremdung

geh doch weiter und
suche verbindung
ohne vergeudete träume
ohne falsche illusion

wiederbringlich

dies ist es doch
immer wieder
aus dem frieden
zum krieg
in einem moment
ineinanderrinnen
von liebe und gift
finden und vernichten
nach dem sieg schielen
der nie befriedigt
den riesen spielen
der wirft und
niemals wirklich
trifft

muster
für M.

meine liebe
zwischen den zähnen
für dich
das lachen mit dir
zurückgebogen
gestaucht
im körper
die hände
geballt
die beine
gebremst
vor dem laufen
im gras

wie du
so lebendig
gedacht
doch gezwängt
in die grauen hüllen
aus dem lager
hinter den bergen
die jetzt aber
liegen vor uns
auf dem stoppelfeld
leer

bald werden wir
ernten
in einer anderen zeit
nicht zu spät
noch

hinaus

das kartenhaus das
ist auf lehm gebaut
und rundherum
der zaun aus
braunem laub
das kind dort
auf der schaukel
voller trauer
immer noch

die leere die
du glaubst sie
hat dich ausgelaugt

du möchtest tauschen
heute noch
gegen die wiese
da an der mauer
die bebaut ist
längst
von dir behaust
und dir vertraut

darüber wirst
du staunen
erschauern vielleicht
sogar

kind in der kirche

für das mädchen ein kleid
mit dem klatschmohn darauf
und das gestaltlose drohen
von hinter den bildern

unter roten blüten
das glühen
im zarten körper
das lasten
so schwer
zwischen dunklen
modrigen mauern

einen sonnenstrahl
schick mir durch
buntes glas
einen kletterstab
durchsichtig schillernd
der dem stab des
zauberers gleicht
für die sehnsucht von
hinter den augen

mensa

mehr jahre haben
und weniger licht
ist das so

sie sitzen hier
und sind so jung
der blick besorgt
kein leuchten
in den augen
sie schauen
in die gleiche welt
sie suchen wärme
und sie müssen müssen
damit sie landen
ankommen
einen platz am feuer
finden und
bewahren können
für die vielen
vielen jahre
die wir schon haben
überlebt zumindest

durch unruhe

lust in der jugend
als trugschluss
von kuss zu
kuss purzeln
rudern durch
dunkle tunnel
suchen nach
einem grund für
dieses unheil
ungeduld
wut
uferlos die
sucht nach
schuld

nun stunde um stunde
so unvermutet
dies dunkle
als lug und trug
erkennen
eine schnur zum
ufer legen
durch ruhige
wasser rudern
den bruder rufen

bruch um bruch
umdeuten
mit mut

schreiben 1

geschlagen werden
gestoßen
von aufschlag zu aufschlag
durch einen tunnel
eine blechschiene entlang

abfangen so vieles
die scheinwerfer
im gesicht
den spott und
die fremde qual

das brennen hinter
den augen
verbergen
die stimme dahinter
hören
zum ersten mal
ohne störung

die schrammen
ins zimmer tragen
sie umhüllen
mit weichen
atmenden tüchern
sie in einen traum
mitnehmen

den du erzählst
am nächsten tag

vogelzug

bei unserer rückkehr
aus dem süden
im frühjahr
ist immer noch jetzt

wir legen die mäntel
des winters nicht ab
denn wir haben keine
wir brauchen sie nie

zwischen beeten
für Roswitha

ernüchtert manches
weggenommen
ausgerissen
dabei dieses weh
gespürt hinter
den augen
tief

gegangen auf
den schmalen wegen
den verzweigten
mit offenen augen und
händen und mit
diesem schmerz
gegangen im
kies im schnee
getragen von
bildern worten
eingehüllt

da drüben jetzt in
diesen hügel greifen
in die raue erde mit
der einen hand
die andre an
den körper legen an
die haut die
hält was pocht und
strömt darunter
dieses wachsen mit
alledem und über

alles das
hinaus

wieder holen 2

kehre zurück
falle zurück in mich
du kleine seele
krankes kind
wüte dich frei in mir
und kränke dich gesund

und du
kind aus dem nebelmeer
das nicht gerufen
namenlos und blass
mich immer noch umgibt
ich rufe dich
nimm deinen namen an
aus meinem mund
und geh
das letzte stück
an meiner seite

und ihr
die ihr tief in
der erde seid
mir aus dem blick
und stumm
kehrt in mein wort zurück
in unser aller namen
und lasst euch feiern

finis terrae

nebel am
ende der welt
verweht der steg
die legende verfehlt
gepeitscht die see

der wind hat
in den westen
gedreht
verkehrt weht er jetzt
dir entgegen

es gilt
den gurt anzulegen
das echo zu vernehmen
die sterne zu lesen
und endlich
die segel zu setzen
dennoch

warten 5

immer verstärkt
die schönheit
das grauen
diese blaufarbenen
wasserschichten
wühlen es auf
bis auf den schlick
hinunter und weiter
die möwe gellt
in deine leere
die zweige oben
können den aufruhr
nicht mehr beschatten

vertraue auf
den widerschein
des goldes
in den spalten
dieser felsen
und warte
auf den winter
der alles glätten
wird

irrtümlich vertraut

sie feiern dich
scheinbar gebührend
beglücken dich mit
ihrer liebe angeblich
mit ihren küssen
wetzen die münder
um ihr süßes holz zu raspeln
sie rühmen dich
über den klee
du fühlst dich geschützt
behütet

doch rücken sie dir
auf den pelz
weil sie selbstsüchtig sind
die eigenen lücken
wollen sie füllen
von dir bekommen
was ihnen nützt
sie schüren das feuer
der missgunst
geben sich großzügig gütig
grün ist ihr gift
und verführerisch
sie füttern dich
damit stündlich
berühren dein herz

bis du weißt
zerstückeln könnten
sie dich
und kalt ist die süße

niemals war der ruhm
schlüssel zum glück
wütend bist du
und müde
bis du dich
von dieser bühne
zurückziehst

zu Thomas Bernhard

schwelle
für Nabi

vor den toren stehen
der stadt
nach der langen reise
und schließlich allein
nichts wissen
von wärme und brot
ein fremdes läuten
im ohr
woher
im auge
einen blühenden baum

jetzt eine hand
an die raue mauer legen
ganz leise
und zaghaft
die stadt betreten
als schatten
und wissen
dass auch diese schwelle
aus not gemacht ist
und angst
wie jede

die nächste suchen
gehen und gehen
so müde
dann doch ein haus finden
in dieser wüste aus schnee
eintreten und sehen
mit halbtoten augen

ein licht auf dem tisch
eine mahlzeit

zu Georg Trakl

suche

durch dies gelände
unwegsam
gehst du
kleiner rutengänger
suchst die mutter
in durchgängen
unzähligen
auf umwegen
hunderten
umrundest sie
rufst nach ihr
zur nachtstunde
die ungeduld
zu beruhigen
gehst barfuß
zu ihr hin
mit den bunten murmeln
in den kleinen händen
suchst unterschlupf
bei ihr
nicht bewunderung
aber zuwendung
unbedingt

schwinden
für Christoph

benebelt von
asche und rauch
einem schmerz
der tränen
noch sucht
zu einem messer
greifen
die seiten des buches
aufschneiden

es kommt
eine zeit
da ist
das sammeln
zu ende
wir wollen
verstehen
ganz

dazu schneiden wir
seiten auf
decken nichts
mehr zu
lesen mit
hungrigen augen
greifen
rücksichtslos
in eine fülle

wir suchen und
tasten und

graben noch
tiefer
in den schmerz hinein
den heilsamen

die asche und
der rauch das
sind wir und
schattenbilder dort
auf einem stein
der lächelt

ein schwinden

da nicht du

goldene lichter
fallen
in pfützen aus glas
kehren nicht wieder
versinken
irgendwo tönt
ein weiches
wärmendes lachen
das gibt es
noch

und drüben
süßholzworte
rosa
das rascheln von tüll
bimmelnde glöckchen
die lüge

du bückst dich
greifst mit
den kranken händen
auf gras
ohne schlichtung
die wut
das aufgerissene herz
ohne antwort

sisyphos

licht ist
auf dem gipfel
wohin du
immer wieder
den stein bringst
licht fällt auch
von dort
hinein ins tal
ins finstre
wohin er
immer wieder
rollt

dunstlicht

über dem stickigen brüten
dem blau schillernden gestank
eine brücke
vögel
ein zug
ein donnern und
ein gezwitscher
da oben
und unten die wege
gewirr
braun und rot
ein dumpfes lasten
ein fliegendes kleid
geschrei von kindern

verwesung
sie schlachten
sie ziehen gedärme
tragen eingeweide
vor sich her
wie gaben
in einer prozession
vom chor der ratten
begleitet
die büsche am ufer
sind bunt gefärbt
vom heißen
verdächtigen wind
das wasser des flusses
rot
durchpulst von blut
aus dem haus des tötens

über die wellen zieht
ein schläfriges flüstern
ein halber traum
dort aus den fluten steigen
gestalten
zauberisch
fremdvertraut
erinnerungsboten
und über allem
breitet sich
ein zelt
aus rosenfarbenem tuch
dunstig und weich
aus dem sich bilder lösen
schemen
ein baum
ein pferd mit reiter
ein schiff das kentert
wie kindertraum
paläste aus dem orient

zu Georg Trakl

gegen not
für Roswitha

vor dem morgen
kommen
motorradkolonnen
donnern vorbei
toben im kopf
doch
stoppen sie
vor der sonne
rollen fort
in den norden

vorüber sind
die drohung
der horror

**stadtautobahn oder
den wind will ich trinken aus meinem
land**

an meinen beinen kriecht die kälte hoch
dieser finsteren stadt
aus meiner wüste kommt der staub
hierher mit dem wind
weit hinaus reicht mein lied
wenn die datteln fallen

lichtblitze schießen durch glas
bohren sich in meinen leib
linien brennen sie schmerzzeichen
in meinen kopf

wenn inmitten der dünen
die köpfe der tiere auftauchen
am morgen
welche lasten tragen
von dir und von mir
dann fliegen gedanken dorthin
aus dieser wüste
zu meinem baum

INHALTSVERZEICHNIS

aus der höhle

stören den finsteren traum	7
verbindung	9
bis	10
leere 3	11
frühling	12
was bleibt	13
schreibe	14
warten 3	15
wie nie	16
warten 6	17
gehen	18
anstatt	19
ernte	21
herbsttag 2	22
schreiben 2	23
karussell	24
enfant terrible	26
road movie	27
doch anders	28
friedhof	29

nahe den magmakammern

hotspot	33
darkness	34
widerstand	36
fassadia	38
aufbruch	40
meine wörter	42
gemein	43

dünung	45
aus dem trüben	
1	47
2	48
3	50
zwischen den waggons	51
am band	53
unter grund	55
ablösen das	56
fluss	58
geschenk	59
luftwurzeln	60
du sündenbock	61
don´t touch	63
psychodelic colours	65

im felsendom

whistling woman	71
ton um ton	72
blau	73
wie dies	74
und weiter	75
finden	77
am wasser	78
wirklich	80
zeitlos	81
nacht wird im park	82
nacht wird im haus	83
nach der angst	84
schreiben 3	85
dieser garten	86
schön die stadt	89
melancholie	90

november	92
wintergesicht	94
vexierbild	95
und draußen schnee	97

durch den tunnel

absage	101
fort pflanzen	102
wiederbringlich	103
muster	104
hinaus	105
kind in der kirche	106
mensa	107
durch unruhe	108
schreiben 1	109
vogelzug	110
zwischen beeten	111
wieder holen 2	113
finis terrae	114
warten 5	115
irrtümlich vertraut	116
schwelle	118
suche	120
schwinden	121
da nicht du	123
sisyphos	124
dunstlicht	125
gegen not	127
stadtautobahn oder	
den wind will ich trinken aus meinem land	128

AUTORIN

Eva Löchli ist in Salzburg geboren und lebt auch dort. Sie war als Lehrerin tätig, hat vielfältige pädagogische Ausbildungen und ein Germanistik-Studium absolviert. Sie schreibt Kurzprosa und Lyrik und war Preisträgerin bei drei SAG-Wettbewerben.
Publikationen: mehrfach in Literaturzeitschriften und Anthologien;
2 Erzählbände (2014 und 2016) bei Arovell